DEO NERIO
NERO
NÉRIS LES BAINS
AQUÆ NERIÆ

NÉRIS-LES-BAINS

Guide du Syndicat d'Intérêt Local

OFFERT GRATUITEMENT

Établissement Thermal

MONTLUÇON
IMPRIMERIE HERBIN
Avenue de la Gare.

1903

A tous ceux que les luttes de la vie ont laissés blessés et meurtris,

Aux Nerveux, aux Neurasthéniques, aux femmes malades, aux Rhumatisants,

Nous dédions ce guide, certains qu'ils trouveront à Néris :

L'air et la lumière qui vivifient,

Le calme qui repose,

Le confort, les soins et le dévouement qui consolent,

Les distractions qui égaient,

Les Eaux qui guérissent !

LE SYNDICAT.

Eglise romane de Néris.

ASSOCIATION SYNDICALE D'INTÉRÊT LOCAL
de Néris-les-Bains

COMITÉ DE DIRECTION :

Président d'honneur : M. le Maire de Néris.
Président : M. le docteur de Ranse.
Vice-Président : M. Lafont-Martinat.
Trésorier : M. Dussour.
Secrétaire : M. Lénard.
Membres : Mme Forichon-Sauvanet.
MM. Daniel,
Ducros,
Pénard.

Le Nouveau Casino.

NÉRIS

SITUATION — ITINÉRAIRE

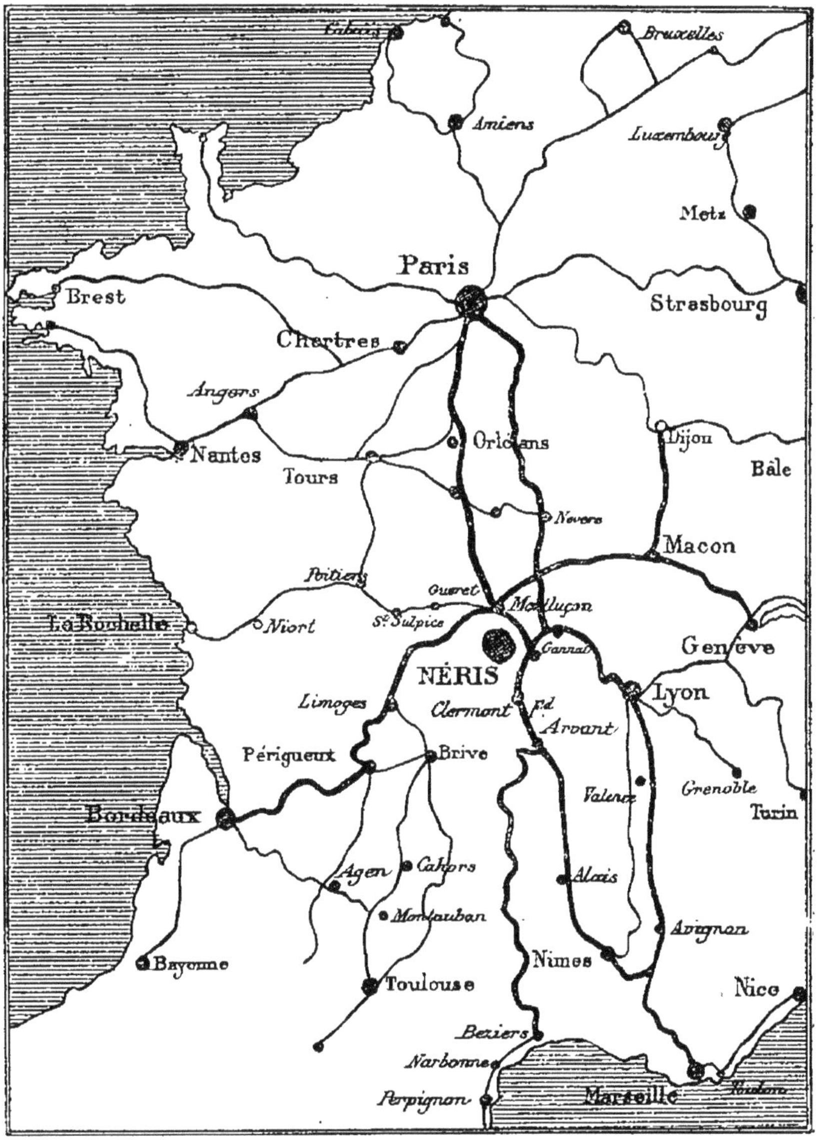

De PARIS,	on arrive à	NÉRIS en	6 h.
De LYON,	—	—	6 h 40
De BORDEAUX,	—	—	7 h. 45

PRIX DU VOYAGE

des Villes suivantes à Néris-les-Bains

VILLES	1re CL.	2e CL.	3e CL.
Paris { Quai d'Orsay	39 20	26 80	17 85
Paris { Austerlitz	38 75	26 50	17 65
Amiens	54 50	37 50	25 20
Angoulême	32 90	22 55	15 10
Aurillac	27 65	19 »	12 80
Avignon	53 30	36 30	24 05
Bayonne	67 55	45 90	30 30
Besançon	40 15	27 50	18 30
Bordeaux	44 65	30 50	20 25
Boulogne-sur-Mer	68 30	46 80	31 25
Brest	84 20	57 20	37 65
Clermont-Ferrand	12 30	8 55	4 90
Chambéry	39 40	26 95	17 95
Chartres	33 15	23 30	15 60
Dijon	31 45	21 60	14 45
Le Havre	65 40	44 85	30 »
La Rochelle	43 45	30 65	20 35
Le Mans	38 05	26 05	17 35
Lyon	27 50	18 95	12 70
Marseille	60 »	40 85	27 »
Mézières	67 20	46 05	30 75
Montpellier	51 95	35 40	23 45
Monaco	86 75	58 90	38 80
Nancy	56 10	38 20	25 30
Nice	85 10	57 80	38 05
Nîmes	46 35	31 65	21 »
Perpignan	67 75	46 10	30 40
St-Étienne	26 40	18 20	12 25
Tours	27 10	18 65	12 55
Genève	46 25	31 65	21 »

NÉRIS-LES-BAINS

Renseignements Généraux.

Saison du 15 mai au 1er octobre

Situation. — Coquette petite ville située au centre de la France (3.200 habitants), canton Est de Montluçon, département de l'Allier, sur la route nationale de Clermont à Tours ; desservie par la gare de Chamblet-Néris sur les lignes de *Bordeaux à Lyon et Genève, Paris, Montluçon, La Bourboule et le Mont-Dore* ; réseau d'Orléans.

Gare et Correspondances. — Service régulier de correspondance à tous les trains entre Néris et la gare de Chamblet (4 kilomètres, trajet en 25 minutes) à l'aide d'omnibus confortables ; service spécial de messageries grande et petite vitesse, colis postaux, etc.

Les billets sont délivrés, et les bagages enregistrés, de toutes les gares pour Néris, et de Néris pour toutes les destinations, au bureau situé place des Thermes.

Le trajet de Paris s'effectue en 6 h. 40, celui de Lyon en 6 h. 40, celui de Bordeaux en 7 h. 45, Marseille en 12 h.

Service régulier d'omnibus entre Néris et Montluçon (entreprise Bachet) du 1er juin au 30 septembre.

Topographie. — Néris est divisé en deux parties distinctes : la ville proprement dite, dite le Bourg, dont les constructions sont groupées autour d'une vieille église romane bâtie à 379 m. d'altitude ; et le Bain, composé d'Hôtels, de Villas, etc., entourant l'Etablissement thermal (354 m.). Le Bourg et le Bain sont reliés entre eux par la rue du Commerce et la rue Reignier, dont les maisons et les jardins s'étagent en amphithéâtre sur la pente d'un riant côteau incliné à l'ouest.

Le pays n'a certainement pas la splendeur grandiose des Pyrénées et des Alpes, mais il offre un sol tourmenté, une succession de collines riantes et vertes au charme captivant, des ravins profonds où murmurent des ruisseaux dont les ondes claires dévalent avec rapidité jusque dans le Cher.

La section de la ligne de Paris entre Montluçon et Chamblet-Néris, déroule son serpent de fer le long d'un ruisseau au fond d'un ravin bordé, tantôt de coteaux verdoyants, tantôt de rochers abrupts, au milieu d'un paysage d'une réelle beauté.

Le terrain primitif de Néris et des environs est formé de roches granitiques, de grès, de mica, et contient en abondance du spath fluor, dit *Pierre de Néris.* A l'extrémité de la commune, vers Chamblet et Commentry, s'étend un riche terrain houiller en pleine exploitation.

Le sol, perméable, fertile et bien cultivé, produit surtout des légumes excellents.

Le climat de Néris, en raison de son altitude modérée, est doux et régulier.

La température moyenne, à midi, est de 21°2 en juin,

de 22°8 en juillet, de 22°5 en août, de 19°8 en septembre.

Les pluies, assez souvent orageuses comme dans toutes les localités avoisinant les montagnes, se répètent 12 fois en juin, 15 en juillet, 12 en août, 9 en septembre.

Les oscillations barométriques se font entre 725 et 737.

La mortalité est de 15.3 pour 1000, bien inférieure à la mortalité moyenne de la France (19.8).

Ville thermale. — La ville thermale est bâtie dans un vallon où émergent les sources.

Deux parcs, celui de l'Etablissement et celui des Arènes offrent aux baigneurs le frais ombrage d'arbres séculaires.

Autour, sont groupés les hôtels, villas, maisons meublées, dont les façades propres et coquettes égaient la vue, ainsi que des magasins qui offrent aux étrangers une foule d'articles d'utilité et de fantaisie.

Le Petit Etablissement, le Grand et bel Etablissement thermal dont l'entrée est place des Thermes et le Casino élégant, construit récemment, en sont les principaux monuments.

Le Grand Etablissement qui compte 80 baignoires, 4 piscines, de nombreux appareils pour douches chaudes, écossaises, froides, étuves, bains russes, bains et douches de vapeur, douches d'Aix, etc., est un des mieux aménagés qui existent pour le traitement des malades qui viennent chercher la santé à Néris.

LES
EAUX MINÉRALES

Historique. — Les eaux minérales de Néris sont très anciennement connues. A l'époque Gallo-Romaine, Néris était à la fois une station thermale très fréquentée et une cité des plus importantes, ainsi qu'en témoignent les superbes restes des monuments et des travaux d'art que les Romains y avaient édifiés ou exécutés. Entrée dans l'oubli durant tout le moyen-âge, la ville thermale a repris son essor au commencement du siècle dernier, sous la vive impulsion d'un médecin Inspecteur des plus remarquables, Boisrot-Desserviers. Depuis lors sa prospérité n'a fait que grandir.

Sources. — L'eau minérale, provenant sans aucun doute d'une même nappe profonde, est captée dans six puits que recouvrent les constructions du petit Etablissement. L'un de ces puits, le puits César ou Grand Puits, a un débit de plus de 1500 mètres cubes par 24 heures et alimente les divers services des deux Etablissements. Un autre, le Puits de la Croix, sert plus particulièrement à l'eau minérale en boisson.

Etablissements. — Néris possède deux Etablissements et un hôpital thermal. Celui-ci reçoit de six à sept cents malades pendant la saison. Le grand Etablissement est ouvert du 15 mai au 1er octobre. Le petit reste ouvert toute l'année ; il est destiné aux malades de l'hôpital et à ceux de la classe peu aisée.

Caractères physiques. — L'eau minérale de Néris est claire, limpide, incolore, inodore, d'une saveur un peu fade, onctueuse au toucher. Elle présente une température de 52°5 au Grand Puits et de 51°5 au Puits de la Croix. A la surface bouillonnante de ces Puits viennent crever de nombreuses bulles gazeuses formées d'acide carbonique et surtout d'azote. Au sein de l'eau, et aux dépens de la matière organique qu'elle contient, se développent des conferves dont on peut admirer de beaux spécimens dans le bassin d'eau chaude qui précède l'entrée du grand Etablissement.

Composition chimique. — L'eau de Néris contient par litre 1 gr. 2657 de matières salines dont les bicarbonates de soude et de chaux, le sulfate de soude, le chlorure de sodium et la silice formeraient, d'après les anciennes analyses, les éléments principaux. Des recherches plus récentes y ont démontré la présence de corps beaucoup plus nombreux, tels que le baryum, le plomb, le cuivre, le bore, le fluor, le lithium, le fer, le manganèse, etc. Les actions électriques des éléments dissociés de ces différents corps ainsi dissous, plus que l'absorption des sels hypothétiques signalés plus haut, sont propres à rendre compte des propriétés physiologiques et thérapeutiques de l'eau minérale.

Modes d'emploi. — On emploie l'eau de Néris en boisson, en bains, douches, irrigations, bains et douches de vapeur. Les conferves servent à des applications topiques. Les moyens adjuvants auxquels on a habituellement recours sont l'hydrothérapie, le massage sous toutes ses formes, à sec ou sous l'eau, la gymnastique, les exercices physiques, plus rarement l'électricité.

Action physiologique. — Le malade qui prend une série de bains tempérés d'une durée progressive de 10 à 15, 20, 30, 50 minutes, éprouve, dès les premiers bains, une sensation de soulagement et de bien-être; puis du cinquième ou sixième bain, au dixième ou au douzième, surviennent en général de la fatigue, de la courbature, des troubles digestifs, de la fièvre, de l'agitation et de l'insomnie pendant la nuit, quelquefois des éruptions s'accompagnant de cuisson et de démangeaisons. En même temps les symptômes morbides qui ont motivé la cure se réveillent ou se ravivent. Cette double excitation, générale et spéciale, constitue la crise ou poussée thermale. Elle ne tarde pas à s'apaiser et à faire place à une sédation de tous les symptômes, *sédation* qui est le but, le résultat, *la caractéristique* de la cure de Néris.

Indications thérapeutiques. — En raison de cette action sédative, les eaux de Néris sont *spécialement* indiquées dans toutes les maladies où le système nerveux est primitivement atteint, ou dans lesquelles il joue, soit normalement, soit accidentellement, un rôle prépondérant. Ces maladies, dans la clientèle habituelle de Néris, forment quatre groupes principaux :

1° *Maladies du système nerveux* : a) Affections cérébro-spinales (douleurs, contractures consécutives à des lésions cérébrales ; ataxie locomotrice ; paralysie générale à ses débuts ; paraplégie spasmodique ; sclérose en plaques ; myélites d'origine rhumatismale ou traumatique, etc.) ; — b) Maladies du système périphérique (névrites d'origine toxique, de cause traumatique ou consécutives au zona ; paralysies périphériques ; névralgies périphériques et viscérales ; troubles fonctionnels des muscles tels que spasmes, contractures, tics convulsifs, crampes professionnelles, etc.) ; — c) Névroses et Névropathies (hystérie, névrose traumatique, neurasthénie, chorée, goitre exophthalmique, paralysie agitante, migraine, névropathies diverses symptomatiques d'un autre état morbide, etc.) ; — d) Cures préventives chez les enfants héréditairement prédisposés aux maladies nerveuses.

2° *Maladies des femmes* : a) Névroses génitales (névralgies, hyperesthésie, prurit, vulvo-vaginisme, etc.) ; — b) Phlegmasies pelviennes (métrite, salpingite, ovarite, etc.) réclamant un traitement hydrominéral précoce ou dans lesquelles prédominent les phénomènes névropathiques ou douloureux ; — c) Traitement préparatoire ou complémentaire d'une intervention chirurgicale.

3° *Affections rhumatismales :* Toutes les formes du rhumatisme, principalement les formes mobiles, erratiques, qui coïncident ou alternent avec des manifestations névropathiques ; — traitement hâtif dans la convalescence du rhumatisme articulaire aigu, même avec des complications cardiaques.

4° *Maladies de la peau* : celles qui tiennent à la fois de l'arthritisme et du nervosisme. L'eau de Néris exerce sur plusieurs d'entre elles une action topique cicatrisante, analogue à celle, depuis longtemps démontrée, qu'elle possède sur les grandes brûlures et les plaies.

Contre-indications : Lésions récentes des centres nerveux ; période aiguë des phlegmasies pelviennes, cancer de l'utérus, collections purulentes dans le petit bassin ; période fébrile du rhumatisme articulaire aigu.

Médecins. — Neuf médecins consultants donnent pendant la saison thermale leurs soins dévoués aux malades.

Ce sont :

MM.	DE RANSE	MM.	DESCLOUX
	PEYROT		BENOIT
	MORICE		DEREURE
	AUBEL		DUCROS
	DELARRAT		

Pharmacien. — M. HUBERT, *place des Thermes*.

Dentiste. — DOCTEUR MURET, chirurgien-dentiste de la Faculté de Paris. — Spécialité des maladies de la bouche, *Rue des Serruriers*, MONTLUÇON.

LES
EAUX DE BEAUTÉ [1]

« Il est juste de parler de la Reine des Sources, de dire « avec quelle majesté elle règne, dans quelles grottes « fraîches et agréables les charmantes Naïades ont fixé « leur séjour.

« En évoquant les Nymphes au cœur pur, qui procu- « rent aux humains les plus douces jouissances terrestres, « les biens préférés de l'existence, la force et la santé.... « je salue l'onde sacrée, miraculeuse ; mes premiers hom- « mages sont pour la plus belle, Néris.

« **EAUX DE BEAUTÉ, SOURCES DE** « **JOUVENCE**, les humains peuvent puiser dans « votre sein une nouvelle vie, boire la jeunesse éternelle : « vigueur des sens, force de l'intelligence, inspirations, « conceptions de l'esprit, sveltesse, agrément des formes « corporelles, joies du cœur, parure de l'âme et du corps, « tels sont vos dons merveilleux.

. . . .

(1) **Néris, Capitale des Gaules ; — Les Eaux de Beauté,** par *Moreau de Néris.* Paris, Ernest Leroux, Editeur, 1902. — Extrait revu et communiqué (pag. 70-81, passim). «.., Livre qui est un véritable monument littéraire, historique et artistique, élevé à Néris », dit M. le docteur de Ranse, et qui a valu à son Auteur des votes de félicitations et de remerciements de la part du Conseil Municipal de Néris et du Syndicat d'Intérêt local de la Station Thermale. — Le Conseil Général de l'Allier a fait l'acquisition d'un certain nombre d'exemplaires pour doter les communes du département de " cet ouvrage intéressant, qui sera bientôt dans toutes les bibliothèques ", selon les termes mêmes du Sénateur, son Président, M. le docteur Gacon.

« Les notabilités de la médecine ont décrit les cures « innombrables de l'eau de Néris, panacée universelle « qui guérit d'une infinité de maux, opère des transfor- « mations surprenantes. N'ont-elles pas des qualités « insignes, ces eaux bienfaisantes, chargées du fluide « électrique qui vivifie, qui rajeunit tout dans la nature, « qui leur donne le pouvoir de reconstituer l'organisme, « vraies sources de Jouvence, connues dès la plus haute « antiquité pour leur très remarquable propriété, d'em- « bellir, de velouter le teint ? Eaux de beauté, regardées « comme divines par les gracieuses romaines qui voyaient « leurs charmes renaître " *Aquis Neri* ", et dont on « retrouve encore dans la contrée le type olympien.

« O magique fée, la femme en sortant de ton onde, « nouvelle Amphitrite, paraît plus charmante, ses attraits « plus enchanteurs. Cette vertu mystérieuse, divine, fera « revivre un nom anciennement célèbre.

« Tu ceindras un jour, o Néris, ce diadème des reines, « que tu portais avec tant d'éclat au temps des Brenns et « des Césars ! »

. . . .

« On se baigne impunément à Néris, à peu près en « toute saison ; il est de tradition ancienne de prendre « des bains le samedi, aussi bien en hiver qu'en été. Est- « ce l'effet des eaux, celui du climat, les deux sans doute, « les épidémies y sont inconnues, la longévité extrême.

« Quelles divinités président à la formation des eaux « minérales, d'où proviennent-elles, quelle force impul- « sive les fait rejaillir du sein de la terre à la surface, quel

« génie puissant leur communique la chaleur intense. « les vertus souveraines qui les distinguent des eaux « ordinaires ?

« Dis ou Hadès qui règne dans les abîmes intérieurs « pourrait seul nous répondre. Généralement elles se « rencontrent dans les centres travaillés par les volcans. « Celles de Néris se trouvent sur les dernières collines « qui font suite aux monts d'Auvergne. Captées dans les « puits romains, soulevées par les gaz intérieurs, elles « surgissent à bouillons pressés qui, en éclatant, produi- « sent un pétillement semblable à celui de l'ébullition. Il « n'en est rien cependant ; leur chaleur n'est point celle « de l'eau ordinaire bouillie. Qu'on emplisse une tonne « aux bassins thermaux, qu'on l'expédie hermétiquement « scellée ; l'eau minérale conservera sa chaleur pendant « quinze heures et sera bonne pour le bain arrivant à « Marseille !

. . . .

« L'eau de Néris cicatrise très rapidement les blessures « du corps et je crois pouvoir ajouter qu'elle rend la « tranquillité d'esprit, fait renaître les douces joies du « cœur, la riante perspective des plaisirs qui charment « l'existence, à ceux qui ont perdu ces dons par un trop « grand labeur ou quelque excès de jouissances immo- « dérées. Elle donne de la souplesse, de l'agilité aux « membres endoloris ou enkylosés, et tel se trainait « péniblement sur des béquilles, en arrivant à Néris, qui, « au bout de quelques jours, les suspend en trophée près « des ondes miraculeuses, et crie triomphalement sa « victoire. On en a vu danser, avant de partir, la bourrée

« bourbonnaise, du pas joyeux et alerte des jeunes « amoureux.

« La célébrité des thermes nérisiens a été reconnue et « en honneur dans tous les temps. Il y a plus de trois « siècles, de Nicolay écrivait : l'eau de Néris résout et « mollifie toutes duretés, comme gouttes noueuses, gué- « rit les galeux et les podagres. Le breuvage des eaux « bitumeuses, d'après Vitruve, a accoustumé de guérir « les douleurs intérieures en purgeant les personnes « molestées de mauvaises humeurs.

« On peut attribuer aux eaux de Néris ce que le même « écrivain dit de celles de Bourbon-Lancy : profitant « grandement à ceux qui ont les membres perclus et aux « paralytiques ; et l'eau des dits bains ouvre les porosités « des veines et purge les parties affligées, et, par la force « de sa chaleur, chasse hors les maladies incurables, « comme gouttes froides et autres, celles résultant de « blessures de Cythère, de dégénérescences organiques.

« Ces eaux ont le don incomparable de rétablir chez « les femmes devenues mère, l'harmonieuse proportion « des lignes, la beauté virginale.

« Le Géographe royal aurait pu ajouter qu'autre vertu « desdits bains est de donner progéniture à icelles qui « point en ont et ardemment en désirent.

. . . .

« Ne semble-t-il pas que l'on entre dans un petit para- « dis, lorsqu'on pénètre dans l'atmosphère nérisienne, « que charme constamment un soleil radieux ?

« Que de douces senteurs, que d'effluves suaves, par- « fumés, qui descendent des futaies fleuries, tilleuls bien-

« faisants, dans le feuillage desquels aiment à se jouer les « Zéphyrs amoureux de Flore, joyeux enfants du Prin_ « temps, dont l'aile de velours vient caresser le visiteur « au seuil de la cité merveilleuse ! Sous leur voûte « ombreuse dorment les accords harmonieux des lyres « parisiennes, venues sur la colline de la déesse chanter « l'immortel bonheur.

« Et dans l'onde que de délices ! la Nymphe aimante « vous enveloppe amoureusement, imprègne vos sens de « son ardeur passionnante ; un souffle de fée, sorti de ses « lèvres divines, endort dans ses bras l'heureux mortel « devenu son amant ; elle étend dans les airs un voile « léger de vapeur blanche, au vague parfum de violette, « pour protéger sa quiétude et appeler les rêves dorés !

Tarifs du Casino et du Théâtre

Fauteuils	3 »
— en location	3 50

Abonnements de 21 jours donnant droit à l'entrée au Casino Théâtre, Salles de jeux, Salons de lecture, etc.

Pour une personne seule	40 »
Pour le mari et la femme ou l'un deux avec un enfant	70 «
Pour 3 personnes et plus de la même famille, par personne	35 »

Demi abonnement, 11 jours.

Pour une personne seule	25 »
Pour le mari et la femme ou l'un des deux avec entant	40 »
Pour 3 personnes et plus de la même famille, par personne	20 »

Le tarif de famille ne s'applique qu'aux mari, femme et enfants.

TARIFS

PETIT ÉTABLISSEMENT

Bain de baignoire (1 peignoir, 1 serviette).....	1 50
Bain de piscine..........................	0 50
Douche ordinaire..........................	0 50
Douche de vapeur..........................	0 75
Douche écossaise..........................	0 75
Douche ascendante.........................	0 25
Bain de pieds.............................	0 25
Bain de vapeur............................	0 50

GRAND ÉTABLISSEMENT

Bain de baignoire (1 peignoir, 2 serviettes).....	2 »
Supplément pour un enfant.................	1 »
Bain de salle basse (1 peignoir, 1 serviette).....	1 »
Bains prolongé (1 peignoir, 2 serviettes, 2 heures)	4 »
» » par heure supplémentaire.......	1 »
Bain de piscine (1 peignoir, 2 serviettes).......	1 50
Piscine de famille (par personne, 1 peign., 2 serv.)	2 »
Douche ordinaire à la suite du bain..........	1 50
Douche ordinaire prise isolément (1 peignoir, 2 serviettes)........................	2 »
Douche écossaise (1 peignoir, 2 serviettes).....	2 »
Douche de vapeur (1 peignoir, 2 serviettes)....	2 »
Douche-massage d'Aix (1 peignoir, 2 serviettes)	2 50
Douche-massage d'Aix avec chaise à porteur....	3 »
Douche ascendante (1 serviette).............	0 50
Bain de pieds à la suite du bain (sans linge)....	0 50
Bain de pieds pris isolément (avec linge)......	0 75
Bain d'étuve (1 peignoir, 2 serviettes).........	2 »
Bain d'étuve par en caissement (1 peignoir, 2 serviettes)........................	3 »
Bains partiel de vapeur par en caissement (1 peignoir, 1 serviette).....................	2 »
Massage simple...........................	1 »
Douche hydrothérapique (1 peignoir, 2 serviettes)	2 »
Irrigation vaginale (petite douche, 1 serviette)..	0 50
Pulvérisation (1 serviette)................	1 »
Abonnement à la buvette pour 25 jours.......	2 »
Conferves................................	0 50

Linge supplémentaire : PEIGNOIR 0 fr. 20 ; SERVIETTE 0 fr. 10

Masseurs.

MM. DUPUIS,
BIDET,
TUILIER,

Mmes DUBREUIL,
TUILIER,
BENEYTON.

Distractions.

Abrité sous un kiosque élégant l'orchestre du Casino donne deux et trois fois par jour, à midi, 4 heures et 8 heures, des Concerts gratuits dans le parc de l'Etablissement.

Des représentations théâtrales, Dramatiques, Lyriques, etc., ont lieu régulièrement au nouveau Casino dont la scène vaste et bien aménagée ne le cède en rien à celle de beaucoup de théâtres parisiens.

Une superbe salle de café avec terrasse couverte, ainsi que des salons de jeux et de lecture sont à la disposition des étrangers.

Des fêtes de jour et de nuit sont fréquemment organisées dans les parcs et dans les salons du Casino.

Promenades, Excursions.

On peut faire aux environs de Néris des promenades et excursions très intéressantes dans des sites pittoresques. Parmi les principales nous citerons :

A faire à pied :

La vallée des moulins et les côtes de Blou, Cournauron, les ravins de Pérassier et de Cerclier, le domaine des Billoux et le tombeau du Chevalier, la colline et la chapelle St-Joseph, Villebret, etc.

A faire en voiture :

Lavault-Ste-Anne, Montluçon, Commentry, le ravin et le château de Gouttières, le ravin et le château de l'Ours, Gironne, les bords du Cher, Colombier (ancienne église fortifiée) point de vue de la Requille, Abbaye de Bellaigue, ruines des châteaux féodaux de Murat et d'Hérisson, etc.

Pour les renseignements détaillés et les itinéraires, consulter le **guide Ménanteau** édité à Néris, 1 fr., franco par poste 1 fr. 25.

Des voitures confortables stationnent tous les jours près du parc et sont à la disposition des étrangers pour les excursions.

Marchés.

Tous les matins pendant la saison thermale et tous les jeudis en hiver se tient, sur la place de l'Eglise, un marché très bien approvisionné : on trouve chez les Commerçants du pays tous les produits alimentaires, articles de ménage, vêtements, objets d'utilité, de luxe et de fantaisie.

Hôtels, Villas, Maisons meublées.

Les Hôtels nombreux, propres, biens tenus, et de prix modéré peuvent satisfaire tous les genres de clientèle. On y trouve, à partir de 6 fr. jusqu'à 15 fr. par jour un logement confortable ou luxueux, une nourriture saine, aussi choisie que variée, et les soins empressés d'un personnel prévenant et dévoué.

Les Maisons meublées et les Villas élégantes offrent aux baigneurs des chambres propres et confortables depuis 2 fr. par jour, et des appartements complets avec cuisine, salle à manger, salon, etc., comportant tout le confortable moderne.

Nulle part la population n'est plus accueillante, plus aimable, plus dévouée pour les étrangers, et le personnel des hôtels et villas plus prévenant, plus complaisant plus soigneux pour les malades qui viennent chercher la santé dans les stations thermales.

Chemin de fer d'Orléans.

Bureau spécial place des Thermes. Billets et enregistrement des bagages pour toutes destinations, expéditions, messageries grande et petite vitesse, colis postaux, etc.

Postes, Télégraphe, Téléphone.

Le Bureau de poste, situé rue Voltaire, est ouvert tous les jours de 7 h. du matin à 9 h. du soir et fermé à midi les dimanches et fêtes.

Les départs des Courriers ont lieu à 4 h. 50 et 5 h. 45 du matin, 5 h. 45 et 9 h. 45 du soir. 4 distributions se font chaque jour à 7 h. et 10 h. du matin, 4 h. et 8 h. du soir.

Communications télégraphiques et téléphoniques directes avec Paris et la pluspart des grandes villes.

Service religieux.

Tous les jours à la Chapelle de l'Hôpital et à l'Eglise paroissiale.

Au Temple protestant, le dimanche à 3 h.

Mairie. — *Boulevard des Arènes.*

Maire : M. le DOCTEUR AUBEL, Bureaux ouverts de 9 h. à 11 h. du matin et de 1 h. à 4 h. du soir.

Notaire. — Me BIJOUX, rue Reignier.

Musée Riekotter.

En face la Mairie, ouvert tous les jours. S'adresser au secrétaire de Mairie.

COMMERÇANTS

Articles de Ménage.

MM. JABOT, boulevard des Arênes.
LAURENT, rue Voltaire.
Martin DURIN, place de l'Eglise.

Bijoutiers.

MM. BRUNIER, place des Thermes.
DEREURE, rue Voltaire et rue Boisreau-Desserviers.
MÉNANTEAU, rue Boisrot-Desserviers.

Blanchisseuse

Mme Vve JOBERT, rue Boisrot-Desserviers.

Boucheries.

MM. BOUGUIN, rue de Clermont.
GIRAUDAT, rue Hoche.

Boulangeries.

MM. DUCROS, rue de Clermont.
MIOUZE, rue du Commerce.
PASQUIER, rue du Commerce.

Bourellerie.

M. POUÉNAT, rue de Clermont.

Cafés.

MM. Bourgeon, route de Clermont.
Daniel, place de l'Eglise.
Dupeyrat Henri, rue Parmentier.
Vve Dupeyrat Marien, *café du Commerce*, rue de Clermont.
Vve François Forichon, place des Thermes.
Legay Henri, *café de l'Union* ,rue de Clermont.
Laville, *café des Arènes,* boulevard des Arènes.
Sarassat, *café de la Poste,*, rue de Clermont.
Sarassat, *café de la Jeune France*, rue du Parc.

Chapellerie.

MM. Cathelin Charles, rue Reignier.
Lafont Clairet, place de l'Eglise.

Charcuterie.

MM. Chomet, rue du Commerce.
Labarre, place de l'Eglise.

Coiffeurs.

MM. Cathelin Charles, rue Reignier.
Lénard, en face le Parc.

Confiserie.

Mme Vve Brunier, place des Thermes.
MM. Duchateau, rue de Clermont.
Ve Lafont, rue Boisrot-Desserviers.

Cordonnerie.

MM. André Louis, rue Voltaire.
Hugonin, rue Riekotter.
Lafont, Léonce, rue du Commerce.

Dentelles.

M. Berthouly-Cluzel.

ENTREPRENEURS DE CONSTRUCTIONS

CHARPENTE

MM. André Jean, au Terrage.
Marandet Etienne, rue Reignier.

COUVERTURE

M. DAGOIS père et fils, rue Barra.

MENUISERIE

MM. DUPICHOT, rue du Commerce.
GUILLAUMIN, rue Reignier.
POYAULT, rue Voltaire.
VINCENT, rue du Commerce.

MAÇONNERIE

MM. DELARBEYRETTE Pierre, rue Parmentier.
DURIN Louis, boulevard des Arènes.

PLATRERIE-PEINTURE

MM. DELARBEYRETTE Philippe, rue Parmentier.
VILLATTE Achille, rue Reignier.

PLOMBERIE-ZINGUERIE

MM. DAGOIS père et fils, rue Barra.
JABOT, boulevard des Arènes.
LAURENT, rue Voltaire.
MARTIN-DURIN, place de l'Eglise.

SERRURERIE

M. PÉRONIN, rue du Commerce.

Epicerie.

MM. BIDET Jean, rue Riëkotter.
BOUGEROLLE Auguste, rue du Commerce.
DUPEYRAT Victor, rue de Clermont.
DUCHATEAU, rue de Clermont.
FAYOLLE Anatole, boulevard des Arènes.
Mme Vve FRANÇOIS-FORICHON, place des Thermes.
MM. GERBIER, rue de Clermont.
LAFONT-MARTINAT, place de l'Eglise.

Horlogerie.

M. DEREURE, rue Voltaire et rue Boisreau-Desserviers.

Journaux.

MM. CATHELIN Charles, rue Reignier.
MÉNANTEAU, sur le parc.

Jardiniers-Fleuristes.

MM. BOURSEIRE, rue de Metz.
LASNIER, rue Reignier.

Librairie, Location.

Mmes Vve Brunier, place des Thermes.
 Vve Duc, sur le Parc et place de l'Eglise.
M. Ménanteau, sur le parc.

Maréchaux.

MM. Dupeyrat Gilbert, rue Voltaire.
 Dupeyrat Victor, rue de Clermont.

Mercerie.

MM. Bougerolle, rue du Commerce.
 Bidet, rue Riëkotter.
 Dupeyrat, rue de Clermont.
 Fayolle, boulevard des Arènes.
Mme Vve François-Forichon, place des Thermes.
M. Lafont-Martinat, place de l'Eglise.

Modes

Mmes Lafont-Clairet, place de l'Eglise.
 Villatte, rue Reignier.

Musicien

M. Betoin Marien, vielliste, rue Reignier.

Nouveautés-Tissus.

MM. Cathelin-Labarre, rue du Commerce.
 Lafont-Clairet, place de l'Eglise.

Quincaillerie.

MM. Jabot, boulevard des Arènes.
 Laurent, rue Voltaire.
 Martin-Durin, place de l'Eglise.

Robes.

Mlles Jobert, sur le Parc.

Tabacs.

MM. Auberger, sur le Parc.
 Gœtschy, recette bur., rue Voltaire.

Tailleurs.

MM. Daniel, rue Hoche.
 Dupuis, rue Reignier.
 Nuret, rue de Clermont.

Vins

M. Legay Victor, rue Voltaire.

Voitures de louage.

MM. Dubreuil Henri, boulevard des Arênes.
Dubreuil Louis, place de l'Eglise.
Rousseau, place de l'Eglise.
Sarrassat François, place de l'Eglise.
Bachet, rue Boisrot-Desserviers.

VILLA DES BAINS

AVEC GRAND JARDIN D'AGRÉMENT

Table d'Hôte

H. DUPEYRAT

PROPRIÉTAIRE

Rue Parmentier — NÉRIS-LES-BAINS

près de l'Etablissement Thermal.

NÉRIS-LES-BAINS

Boulangerie Viennoise

Clermont-Ferrand 1902.

Diplôme d'Honneur.

MIOUZE-FAVARD

Rue du Commerce

(Près l'Etablissement Thermal)

Paris 1903.

Membre du Jury.

PAIN DE GRUAU -- BRIOCHES ET CROISSANTS

GRANDS MAGASINS DE NOUVEAUTÉS ET D'AMEUBLEMENTS

MAISON DE CONFIANCE vendant le meilleur marché de la région.	MAGASINS LES PLUS VASTES ayant les plus beaux assortiments de la région.

AUX DEUX QUARTIERS

17, 19 et 25, Rue de la République — MONTLUÇON

POUPLIN-MORIN

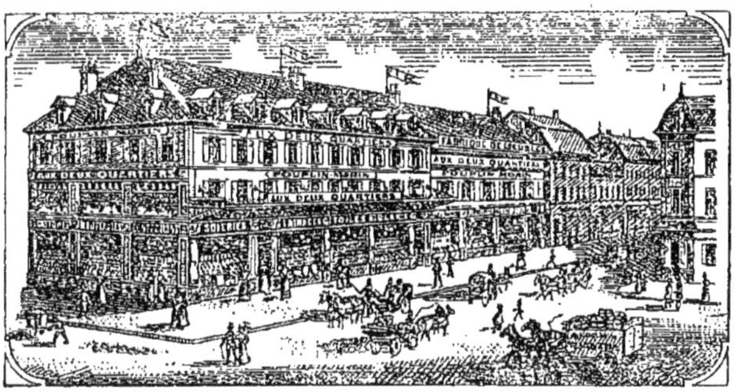

SPÉCIALITÉ DE

CONFECTIONS

COSTUMES & ROBES

Pour Dames et Fillettes.

SOIERIES, LAINAGES, DEUIL

Tissus nouveaux en tous genres

Lingeries, Trousseaux, Layettes, etc.

Spécialités pour MARIAGES

Fabrique de

MEUBLES

Tapisserie, Glaces en tous genres.

MONTLUÇON

7 kilomètres de Néris

Ville importante, le Manchester français, n'avait en 1847 que 5359 habitants, en a maintenant près de 40.000.

L'Ancienne ville est bâtie autour du château féodal qui subsiste encore et des deux paroisses de Notre-Dame et de St-Pierre. La découverte des houillères de Commentry, Bézenet, Doyet, et l'ouverture de nombreuses usines en ont fait rapidement la ville la plus populeuse et la plus importante du département. Usines métallurgiques, hauts-fourneaux, fabrication de canons et d'obus, verreries, glaces de St-Gobain, produits chimiques, lingerie, machines à coudre, automobiles, etc., occupent plusieurs milliers d'ouvriers.

La Ville industrielle, dite Ville-Gozet, s'étend dans une plaine sur la rive gauche du Cher; la partie commerçante groupée autour de la vieille ville, est composée de constructions nouvelles, contenant des cafés magnifiques et des magasins élégants, qui étalent le soir, aux feux de la lumière électrique, tout ce que l'art et l'industrie moderne offrent pour l'embellissement de nos demeures et la parure de leurs habitants.

Pour les curiosités et monuments à visiter, consulter le **Guide MÉNANTEAU.**

1 fr.; *franco par poste contre* **1** fr. **25** *adressés à l'éditeur à Néris.*

BRASSERIE de TERRE-NEUVE

A. Caïhe

à MONTLUÇON (Allier)

BIÈRES

BRUNE

BOCK

CONSERVE

EN FUTS

et en

BOUTEILLES

GLACE NATURELLE

d'Eau de lac, limpide et pure

GLACE ARTIFICIELLE

Les plus hautes Récompenses à diverses Expositions

MÉDAILLE D'OR

à l'Exposition Universelle de Paris 1900.

Grande Maison de Blanc

P. CHAMIGNON

MONTLUÇON

Blanc, Deuil, Lingerie, Rouennerie, Lainages

TOILES pour DRAPS et CHEMISES

Services de Table. — Linge de Toilette.

SPÉCIALITÉ DE TROUSSEAUX

Brodés et Confectionnés dans mes Magasins

Exécution très soignée.

CHEMISES SUR MESURE, façon très soignée.

Livraison en 24 heures — *PRIX EXCEPTIONNELS*

> Je recommande tout spécialement le Comptoir des Chemises, confié à un coupeur sortant d'une des premières Maisons de Paris.

Cravates, Manchettes, Faux-Cols et Parures.

Sur toutes les Marchandises achetées à la Maison, les dessins pour broderie sont faits sans augmentation de prix.

PHOTOGRAPHIE D'ART

INSTALLATION MODERNE DE 1er ORDRE

Les plus hautes Récompenses aux Expositions

Plusieurs Médailles d'Or, Vermeil et Argent

Diplôme d'Honneur (Londres 1902), **Grand Prix Paris** (1902)
2 fois Hors Concours et Membre du Jury (Lyon 1902)
Clermont-Ferrand (1903).

A. PETIT PEINTRE-PHOTOGRAPHE

Place de l'Hôtel-de-Ville, MONTLUÇON (Allier)

Peintures, Aquarelles, Pastels, Émaux

AGRANDISSEMENTS

CYCLES & AUTOMOBILES

Voitures de toutes marques

ESSENCE, - HUILE, - RÉPARATIONS

Garage pour 10 voitures avec fosse.

Ex-stagiaire des Maisons parisiennes

Louis TRIPIER

MÉCANICIEN

50, Boulevard de Courtais, 50 — MONTLUÇON

Seul Représentant

des Automobiles et des Cycles « **PEUGEOT** »

DEVANTURE PEINTE EN ROUGE

Ne pas confondre.

NÉRIS-LES-BAINS

Principaux Hôtels

HÔTEL *de la Promenade*. rue Boisrot-Desserviers.
— *de Paris*, rue Boisrot-Desserviers.
— *du Rhône et des Thermes*, rue Reignier.
— *du Jardin*, rue Boisrot-Desserviers.
— *Léopold*. place des Thermes.
— *Dumoulin*, place des Thermes.
— *des Arênes*, Boulevard des Arênes.
— *de la Source*, place des Thermes.
— *de Rome*. rue Reignier.
— *du Casino*, rue Boisrot Desserviers.
— *Caillou-Desriot*, rue Parmentier.
— *Auclair*, rue Parmentier.
— *de l'Europe*. rue du Commerce.
— *de Nice*, place des Thermes.
— *Bourricat*, rue du Commerce.
— *Meunier*, rue de Clermont.
— *Berger*, place des Thermes.

Villas et Maisons meublées

Vve Brunier, *Villa du Midi*, place des Thermes.
H. Dupeyrat, *Villa des bains*, rue Parmentier.
L. Lénard, rue du Commerce.
Monestier, *Villa St-James*, sur le parc.
Monestier, — —
Vve Durin, *Villa du Parc*, rue Boisrot-Desserviers.
Cathelin-Labarre, rue du Commerce.
Mayrand, rue Reignier.
Dupichot, rue du Commerce.
Vve François-Forichon, place des Thermes.
Sohier, *Villa Sohier*, rue Reignier.
Forichon Cyriaque, rue Boisrot-Desserviers.
Cathelin Charles, rue Reignier.
Vincent, rue du Commerce.
Bertin, rue Parmentier.
Vve Coulhon, rue Parmentier.
Bonnamour Lafont, rue des Granges.
Caillot Louis, boulevard des Arênes.
Delarbeyrette Gilbert, rue Parmentier.
Delarbeyrette Pierre, rue Parmentier.
Esmelin-Midon, rue de Commerce.
Fayolle, boulevard des Arênes.
Vve Jobert, rue Boisrot-Desserviers.
Lasnier, rue Reignier.
Lafont-Fort, rue du Commerce.
Lafannechère, rue Diderot.
Marandet Etienne, *Villa thermale*, avenue Reignier.
Dupuis Georges, rue Reignier.

296

COMMENTRY

6 kilomètres de Néris

Construite en plein terrain houiller, Commentry, qui en 1840 était un village de 1.000 habitants, a vu rapidement sa population atteindre le chiffre de 13.000. Les mines très importantes sont la propriété de la Société Commentry-Fourchambault, les forges sont exploitées par la Société de Châtillon-Commentry.

A visiter la très curieuse et immense tranchée par laquelle on accède de plain-pied dans les galeries des mines, et qui communique avec celle de Laugeroux où l'exploitation de la houille se fait à ciel ouvert.

Pour les détails consulter le **guide MÉNANTEAU**.

1 fr. ; *franco par poste,* **1** fr. **25** *contre mandat adressé à l'Editeur à Néris.*

GRAND HOTEL DUMOULIN

Intérieur de l'hôtel.

Façade de l'Hôtel.

Edmond LAFONT

PROPRIÉTAIRE

Maison de tout premier ordre située en face de l'Etablissement Thermal.

VILLAS POUR FAMILLES

Dépendances de l'Hôtel sur le Parc, près le Casino.

Service particulier.

ÉCURIES ET REMISES

LANDAUS, VICTORIAS pour promenades.

Omnibus de l'Hôtel à tous les trains à la Gare de Chamblet-Néris

CPSIA information can be obtained
at www.ICGtesting.com
Printed in the USA
LVHW021308031222
734485LV00009B/649